目次

はじめに

「小1プロブレム」ということが言われるようになったのは、1998年ごろと言われています。小学校1年生が学校生活に適応できないために起こす問題行動のことです。

2009年（平成21）に東京都教育庁が発表した「公立小学校第一学年の児童の実態調査」によれば、4校に1校の割合で小1プロブレムが起きており、児童の不適応状況はその6割近くが4月に発生し、いったん発生すると、その混乱状態が学年末まで継続するケースが5割を超えるとのことです。この問題を解決するために、2010年ごろから「スタートカリキュラム」が各小学校で作成されるようになりました。

「スタートカリキュラム」の内容は、本格的な学びに入るための階段をゆるやかにしたり、幼稚園・保育園と小学校が交流するなどの内容が中心となっています。

私は、こうした問題を解決していくためには、「幼稚園」「保育園」と「小学校」入学時にかけて、様々な角度から学びに向かう力をつけていくことこそが大切だと考えています。そのために考えたのは、「体幹づくり」「感覚統合」「言語活動」の3本柱であり、これらを通して子どもの心が育っていきます。これを「増田メソッド」と名づけました。

「体幹づくり」は、子どもたちの身体を学習や運動に適するように育てていきます。「感覚統合」は、子どもたちの感覚がうまく育っていないことに着目し、目と手の協応性を育てたり、必要な情報を取捨選択する能力を育てます。「言語活動」では、子どもたちの語彙力を高め、話し合うことが出来る子どもたちに育てていきます。「増田メソッド」は、これら3本柱と心の育成を年齢に応じてバランスよく取り入れ、子どもの発達を促していく方法です。試していただければ、きっと子どもの変化を実感していただけるはずです。

今回は、誰もが読める「活動ハンドブック形式」にしました。いわゆる「入門編」になります。まずは、読んで実践してみてください。その効果に必ず驚かれるに違いありません。

この本が子どもたちの健やかな成長に少しでも役立てれば、こんなうれしいことはありません。

白梅学園大学子ども学部子ども学科
教授　増田修治

第1章　幼保小の接続、その理由

1　小1プロブレムの実態

(1) 放置できない「低学年の急速な荒れ」

小学校が荒れているという現状については、現場の先生たちは感覚として、よく理解されていると思います。具体的な数字を見てみましょう。

平成29年10月26日に、文部科学省が「平成28年度『児童生徒の問題行動・不登校等生徒指導上の諸課題に関する調査』(速報値)」を発表しました。その結果から、小学校の荒れが急速に広がっていることがわかります。次に示す数値は、「暴力行為の件数」です。

もちろん、6年生がいちばん多いのですが、低学年の伸びが非常に高いのです。たとえば、平成26年度・平成27年度・平成28年度の3年間を比較すると、次のとおりです。

①全体　1万808人　↓　1万5088人(40%増)　↓　1万9754人(31%増)

②1年生　621人　↓　1085人(75%増)　↓　1720人(59%増)

③　2年生　1017人　→　1800人（77％増）→　2584人（44％増）

④　3年生　1316人　→　2092人（59％増）→　2963人（42％増）

表１　学年別加害児童生徒数（文部科学省）

	18年度	19年度	20年度	21年度	22年度	23年度	24年度	25年度	26年度	27年度	28年度
６年生	1,720	1,981	2,607	2,551	2,449	2,587	2,958	3,430	3,217	4,147	4,784
５年生	869	1,309	1,419	1,614	1,622	1,672	1,969	2,509	2,649	3,302	4,097
４年生	529	834	930	1,106	1,062	1,117	1,360	1,784	1,988	2,662	3,606
３年生	316	470	544	689	710	681	1,022	1,277	1,316	2,092	2,963
２年生	238	315	336	554	501	476	653	856	1,017	1,800	2,584
１年生	123	202	227	300	287	266	394	500	621	1,085	1,720
合　計	3,795	5,111	6,063	6,814	6,631	6,799	8,356	10,356	10,808	15,088	19,754

平成26年度から平成28年度の3年間では、全体が83％増、1年生が277％、2年生が254％、3年生が225％となります。1～3年生が、この3年間で倍増以上という驚くべき結果になっています。とくに、1年生では3倍近くになるのです。

文部科学省が「平成27年度　児童生徒の問題行動等生徒指導上の諸問題に関する調査の手引」を配布し、「暴力行為によってけががあるかないかで分けないこと」「暴力行為の具体例をあげたこと」などもあって、報告件数が増えているのですが、それを抜きにしてもこの増加率は、異常というしかありません。平成18年度と比較すると表1、2のようになります。

表２　加害児童生徒数の平成18年度と平成28年度の比較

小１	14.0倍
小２	10.9倍
小３	9.4倍
小４	6.8倍
小５	4.7倍
小６	2.8倍

（2）低学年の問題行動や暴力行為が激増した背景

低学年の問題行動や暴力行為が激増した背景には何があるのでしょうか。私は、主に次の6点が問題だと思っています。

① 言葉で自分の気持ちを伝えるトレーニングが不足しているため、相手を叩いたり蹴ったりしてしまう。

② ネガティブな感情を受け止めてもらえた経験が少なく、感情の統合ができていないため、ネガティブな感情を処理できない。

③ 親たちも社会も「勉強のできる子」「何でもできるよい子」を求めているため、子どもたちはそれに応えようとしてストレスがたまっている。

④ 「そうでない子はダメ」という価値観の押しつけから、子どもたちの自己肯定感が低くなり、日々のムカつきにつながってしまう。

⑤ 人間には「心のコップ」がある。そのコップにイライラや不満がたまっている間はよい子でいられるが、コップからあふれ出した瞬間に爆発してしまう。まさに時限爆弾状態。

⑥ 「子どもはいつもニコニコしていて、元気でやる気があって、真面目なはずだ！」という大人の思い込みが、子どもたちを追い込んでいる。

2 悩みの中の小学校現場

単に「荒れている」ことだけが、小学校現場の悩みなのではありません。「荒れ」を含めた複合的な悩みが小学校現場を襲っています。「荒れ」は、そのうちの一つの現象として現れているだけなのです。

小学校現場の悩みとは、箇条書きで記すと、次のようなものです。

①1年生段階での大きな学力差があり、なかなかその差が埋まらない。
②クラスについていけない子が増加している。
③子どもの相対的貧困率の増加が著しい（＊内閣府「平成29年版子ども・若者白書」から）。
・平成27（２０１５）年の貧困率は15・６％
・子どもがいる現役世帯の貧困率は13・９％
・大人１人で子どもがいる世帯の貧困率は50・８％
④支援が必要な子ども（学習障害、ＡＤＨＤ、高機能自閉症等）が、６・５％もいる（※文部科学省が平成24年に実施した調査結果から）。
⑤小学校低学年に深刻な荒れが広がっている。
・妊娠した女性教師が1年生の児童を注意したら、廊下で後ろから跳び蹴りをされた。

・注意されると、他者の責任にする。
・注意や非難をされると、腕などをかきむしるなどの自傷行為に走る。　など
⑥高学年での新しい荒れが始まっている。
・学級のリーダー層がキレやすい子などを使って授業妨害をする。
・中学受験などにともなう塾の学力競争がクラス内にも普及。　など
⑦日本語のわからない外国籍児童が増加している。
⑧「学級崩壊」の可能性が高まっている。
⑨「学級崩壊」に直面し、辞職する新任教師が増加している。

これらの悩みは、公教育が崩壊していく可能性を示唆しています。

3　学級崩壊は幼児教育から始まっている

実は、教育の崩壊の芽は、すでに幼児教育の現場でもみられます。ある保育園の年長クラスの様子を紹介しましょう。

年長クラスに進級したりんご組。年中であった3月よりも落ち着きのない様子がみられました。やりたいことが見つからず、遊びは戦いごっこや走り回るだけ。

「まねした！」「まねしていない！」という言い合いから手が出るようにもなりました。とくに「約束を守ること」「がまんをすること」が難しく、集まりの声かけをすると保育者に「ずるい」「いじわる」などと言い、遊び続けるようなありさまでした。さらに、保育者が遊びを止めようとすると「なんで壊すんだよ」と怒り、蹴ることも。そこで、「作ったおもちゃは取っておいていいよ」と伝えると、棚の後ろに隠してしまう子もいました。

なんとか集まったところで、ただ朝の挨拶をしてその日の予定を伝えるだけで精一杯の日々でした。

自分の要求が通らないと保育者を叩く蹴るなど力で負かそうとする男の子たち。体操などにも「参加しない」とソファで横になる女の子たち。ホールに移動すると「肩が当たった」などの言い合いも。勝手に走り回る子につられてまわりの子も走り出します。子どもの要求に寄り添うことと言いなりになることの区別がない保育者の対応に子どもは落ち着くはずもなく、ますます自分の要求を通そうとするだけでした。

とくに大変なのは、給食の時間でした。数人の子どもが走り回り、思いついたように一口食事をすると、また走り始めます。落ち着いた給食とはほど遠い状況でした。

午睡時もなかなか部屋に入らず、廊下で騒ぐ子、部屋に入ってもコット（簡易ベッド）の上でバスタオルを投げる子。少しの間、横になるのもひと苦労でした。

そうした状況の中で、保護者から批判の声が上がるようになりました。「名前を『くん』『さん』づけで呼ばないから荒れるんだ」といった理由にならない批判もありました。

年齢に比べて幼い姿、クラス崩壊になっている状況に「このまま小学校に上がって大丈夫なのか」と心配する声も多数聞かれるようになりました。保護者の就学への焦りの矛先が保育者に一気に向かってきました。

4 学習指導要領の改訂にともなって

(1) 幼保への投資効果

どうすれば、こうした「崩壊」への流れを止めることができるのでしょうか。

その鍵は、幼小接続期にあります。

国立教育政策研究所は、平成29（２０１７）年3月に「幼小接続期の育ち・学びと幼児教育の質に関する研究」という報告書を発表しました。

その報告書には、シンガポール、アメリカ、東アジア圏などの外国でどのような幼保小の連携が模索されているかが取りあげられていました。

シンガポールは、幼稚園の認証評価と保育の質評価を改訂し、非常に細かい基準を設けていました。

また、アメリカは、保育者の専門性開発の動向及び就学前教育の現状と課題を踏まえて、乳幼児教育重視の政策に転換しつつありました。そして、「質の高い保育へのアクセス」を子どもの権利と位置づけ、公的資金を投入するようになっていました。

さらに、東アジア圏は、幼児教育・保育の質向上策を取ると同時に、アメリカと同様、幼児教育・保育への公的投資に力を入れるようになっていました。

こうしたことは、ユネスコ・ＯＥＣＤなどの国際組織が「就学前教育の重要性と公費投入の必要性」「保育の質の向上が人間の生涯発達や格差克服に重要な影響を及ぼす」という議論を提唱したことから始まっています。

図1をみると、幼保の時期に投資をしたほうがそれ以降に投資をした場合に比べて収益率が高いことがよくわかります。

日本の幼保小連携は、もともと「小1プロブレム対策」が中心でした。しかし、こうした国際的な動きを踏まえ、次第に「教育の接続」に重点が置かれるようになりました。

「幼児教育実践の中に小学校教育につながる芽生えを見つけ、それを強化することで幼児教育の成果を生かして小学校教育につなげる」といった実践が模索されるようになってきたのも当然の流れと言えるでしょう。

図1　恵まれない子どもたちに対する教育への投資効果の割合

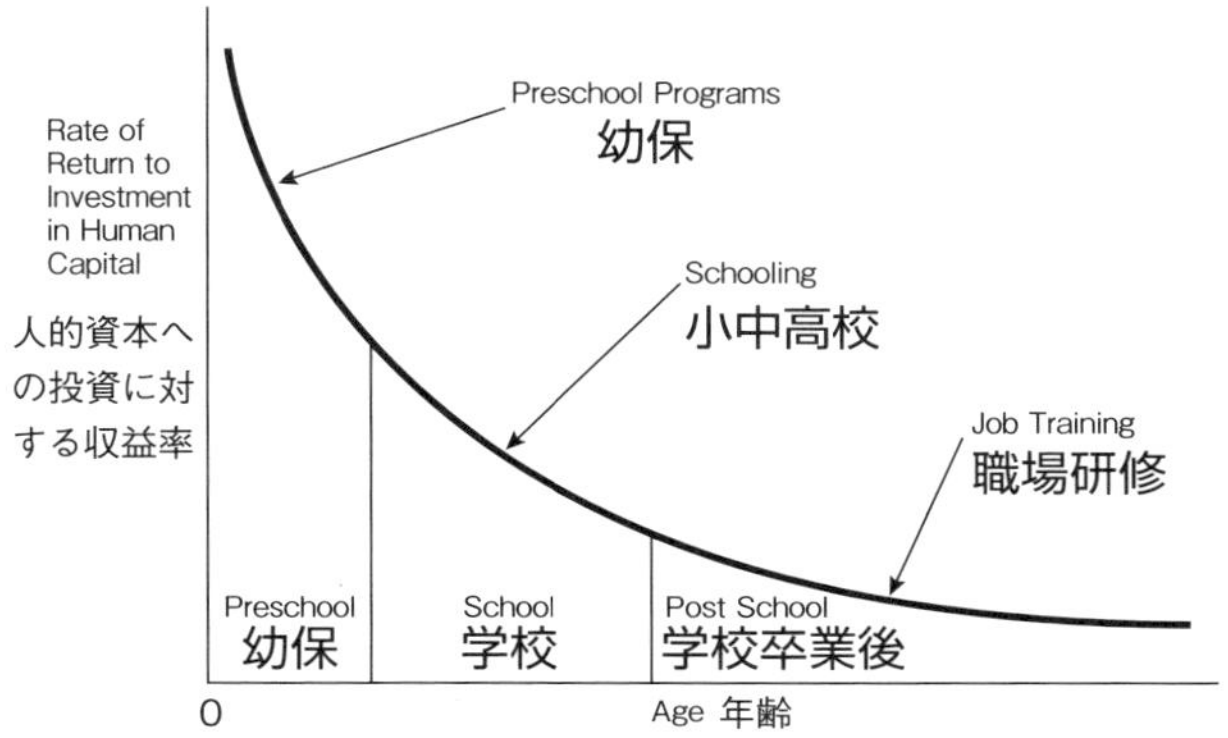

「出典」Review of Agricultural Economics—Volume29, Number3—Pages446–493 DOI:10.1111/j.1467-9353.2007.00359.x "The Productivity Argument for Investing in Young Children" James J. Heckman and Dimitriy V. Masterov

（２）学習指導要領の改訂

平成28年12月21日の中央教育審議会（第１０９回総会）において、「学習指導要領等の改善及び必要な方策等について（答申）」が発表されました。

そのなかで、現状として述べられているのは、全体的に子どもたちの学力は改善傾向にあるということです。しかし、学びが役立っているという実感は薄いとも指摘されています。

そして、解決すべき課題として、次のような項目があげられています。

① 根拠を示しながら意見を言うことに課題がある。
② 読解力に関する課題がある。
③ 体力については二極化傾向があり、運動する子どもとしない子どもの差が激しくなっている。
④ 豊かな心や人間性を育むための感性を高める機会が限定されている。

これらの課題提起は、将来を見据えた指導にもつながるものです。すでに有名ではありますが、オックスフォード大学の研究で「あと10年で約47％の仕事が自動化される」「今後10年で仕事が半減する」という驚くべき結果が出ました。

この研究では、たとえば「バーテンダー」の仕事は77％の確率でなくなります。そのほかにも「スポーツの審判員」「レジ係」「データ入力係」「集金人」などがなくなる可能性が高いとしています。そして、なくならない仕事として「人間相手の仕事（教師・保育者）」や「創造性が必要な仕事」などをあげています。

つまり、これからの時代に大切な力が、コミュニケーション能力と創造性なのだということです。先にあげた課題を解決することが、それらの力を育むことにつながります。

（3）幼児教育の課題

以上のことを踏まえ、私は次に述べることが幼児教育で取り組むべき課題であると考えています。

①幼児の生活体験の不足を埋めて、豊かな生活体験をさせる。
②基本的な技能等が身についていない子どもに、家庭と協力しながら生活に必要な技能を身につけさせる。
③幼保小の教育課程の接続不十分の問題を解決する。
④社会情動的スキル（忍耐力・自己制御・自尊心）や非認知能力を幼児期に身につけさせることが、大人になってからの生活の質に関係することを考え、幼児教育の質を高める。
⑤幼児期における語彙数、多様な運動経験などがその後の学力、運動能力に大きな影響を与え

ることを踏まえ、語彙量を増やす取り組みや身体を動かす活動を行う。

⑥「幼児期の終わりまでに育ってほしい姿」を明確にし、小学校の学びを念頭に置きながら、発達を促す。

⑦「見方・考え方」を働かせることが学びの中心であることを踏まえ、それが実践できる幼児教育を行う。

⑧「学びに向かう力」「人間性等」を育むことを意識した幼児教育を行う。

これらの課題に対処するために、幼稚園・保育園、認定こども園を含めたすべての施設の質の向上が求められているのです。

（4）子どもをどうみるか？

これら幼児教育における課題は、小学校入学までにすべて達成できているものではありません。子どもそれぞれの資質、環境などによる差は大きいものです。

幼小の接続期である小学校1年生の段階ではとくにその差は著しく、現場ではそれを踏まえたうえでスタートすることが求められます。

その場合、子どもをどのような方向で見ていけばよいのでしょうか。それは、主に次の4点です。

①人間は、必ずプラス面とマイナス面を持っている。
②「いい部分も悪い部分も含めてあなたなんだよね、それでいいんだよ」と、すべてを受け止めることによって、初めて自己肯定感が育つ。
③ほめればいいというものではない。ほめるということは、何かができたときが多いためです。だからこそ、「できないあなたも好きよ」という目で見る。
④子どもに対する大人の根本的な考え方を変え、この厳しい世の中でいろいろなストレスを抱えながら頑張って生きている仲間なんだという感覚で子どもを見る。

５　小１プロブレム対策を考える

現場で行われている「小１プロブレム対策」

近年、小学校では「教員の話を聞かない」「授業中に立ち歩く」「暴力をふるう」といった「小１プロブレム」と呼ばれる現象が問題となっており、状況を改善するために各地の教育現場で様々な取り組みが行われています。

東京都教育委員会の調査「小学校第一学年児童の学校生活への適応状況」（平成23年11月）によると、都内の公立小学校の19・0％で、「授業中に勝手に歩き回る」などの「小1プロブレム」が発生していることが報告されています。つまり約5校に1校の割合で、こうした現象が起きているのです。

原因としては「人との関わり不足」「地域の教育力の低下」などがあげられていますが、いちばんの問題は、「幼稚園・保育園と小学校でお互いの教育内容が十分に共有されていない」ことだと思われます。

たとえば、幼稚園・保育園ではチャイムがありませんが、小学校では時間割によって児童が動きます。また、椅子に座っている時間も違います。そうした違いに戸惑い、うまく適応できていない子どもが多いのは事実でしょう。

しかし、そうした違いだけでなく、学校での学びに必要な力が育っていないことが大きいのではないでしょうか。

こうした問題を解決するために、各自治体が幼稚園・保育園と小学校の連携を強化する取り組みを始めています。そのいくつかを紹介しましょう。

①東京都品川区：幼稚園・保育園と小学校の交流事業

小学校の空き教室を保育園の分園とし、保育園の5歳児の保育・教育を行っています。小学校で給食を食べたり、小学生との交流を行ったりして、小学校への滑らかな接続を目指した取り組みをしています。

②東京都足立区：幼稚園・保育園・小学校の先生による交流研修

幼稚園・保育園職員と小学校職員が相互理解することを目的として交流研修に力を入れています。幼稚園・保育園職員が1年に2回小学校を見学し、自分の担当した子どもの入学後の姿や具体的な学習内容を確認しています。逆に、小学校職員は幼稚園・保育園を訪問し、教育内容を見学する形をとるようにしています。

③神奈川県相模原市：新入学時における初期指導の工夫

幼稚園や保育園の指導を参考にしながら、学校教育を行う上での基本的な生活・学習スキルをトレーニングする1ヶ月の指導プランを作成しています。そのプランの推進システムとして教育支援ボランティアを依頼しています。

一定期間（4月の1ヶ月間）計画的に、1年担当の教師が連携をとりながら、新入生に対応する綿密なプランとそれを推進するシステムを作成しています。具体的には、友だちと気持ちよく挨拶できるなどの基本的な生活習慣や、人の話をよく聞くことができるなどの基本的な学習習慣などを、計画的・意図的に指導していくためのプランです。

このプラン作成の際のポイントとして、「幼稚園や保育園との連続性を意識して、45分という単位時間を柔軟に配分したプランにする」「無駄なく、多様な集団を構成して、対人関係がつくれるプランにする」「具体物を使った体験活動を大切にして、興味や関心を高めるプランにする」などがあげられています。ひとことで言えば、「学校の生活スタイルへの段階的な慣らし」と言えるでしょう。

④愛媛県西条市：子どもがつながる、教職員がつながる、保護者がつながる、育ちがつながる幼保小連携は様々な角度からの研究が進められていますが、特徴的なものとして、次の3点があげられています。

ア、「育てたい姿」の系統表（3歳児～6年生）

共通テーマのもと、育てたい子どもの姿を決め、9年間の育ちについての見通しをもつ。

イ、接続期のカリキュラム構成（5歳児後半～入学後の1学期）

育てたい姿に向け、幼稚園・保育園の保育内容と、小学校の学習内容を配列する。

ウ、段差への対応（5歳児1月～1年生5月）

滑らかな接続のために、日課、活動内容、指導方法等について、具体的な工夫・改善を試みる。

西条市では、年間を通じて、20数回にわたって幼稚園・保育園、小学校を行き来し、直接体験となる異年齢交流を重ねるなどをしています。

6 小学校の問題を解決するために

幼保小の連携は、小学校の問題を解決していくために大事であることは異論がないでしょう。しかし、現状で行われている様々な取り組みは、いずれも「小学校の生活になじませるための工夫をどうするか」という点に重点がおかれています。

それに対して、私は、学習指導要領の改訂の趣旨である「『幼児期の終わりまでに育ってほしい姿』や小学校の学びを念頭に置きながらの発達を目指す」ということを、もっと深く考えていく必要性があると考えています。

つまり、小学校の学びにスムーズに入っていくことが出来る力や基礎概念の形成、座ることが出来る身体づくりなどの点を考えていくべきなのだと思うのです。

小学校の「小1プロブレム」や「学級崩壊」の芽を早期に発見していき、そこに働きかけるためには、幼稚園・保育園での教育の充実を図る必要があります。そうした観点で、乳幼児教育をもっと深化させていくべきではないでしょうか。

同時に、小学校1年生のできるだけ早い段階において、それらの力の不十分さに気づき、解決するために取り組むことも重要だと思っています。

第2章　小1プロブレム回避のために知っておきたいこと

1「感情制御の発達不全」を補う

「キレる」子どもをどうするか

小1プロブレムのみならず、小学校の学級崩壊の原因の一つとなっているのが「キレる」子どもの存在です。ささいなことで怒り出す子ども、リストカットなどの自傷行為にはしる子ども、場面によって別人のようになる子ども、など。

彼らはなぜキレるのか？　それは、ひと言でいうとネガティブな感情を安全に抱えられないからです。

ネガティブな感情を安全に抱えるとは、「不快なままでいられる」あるいは「不快な感情をうまく処理できる」ことです。

「感情の育ち」の危機状態とは？

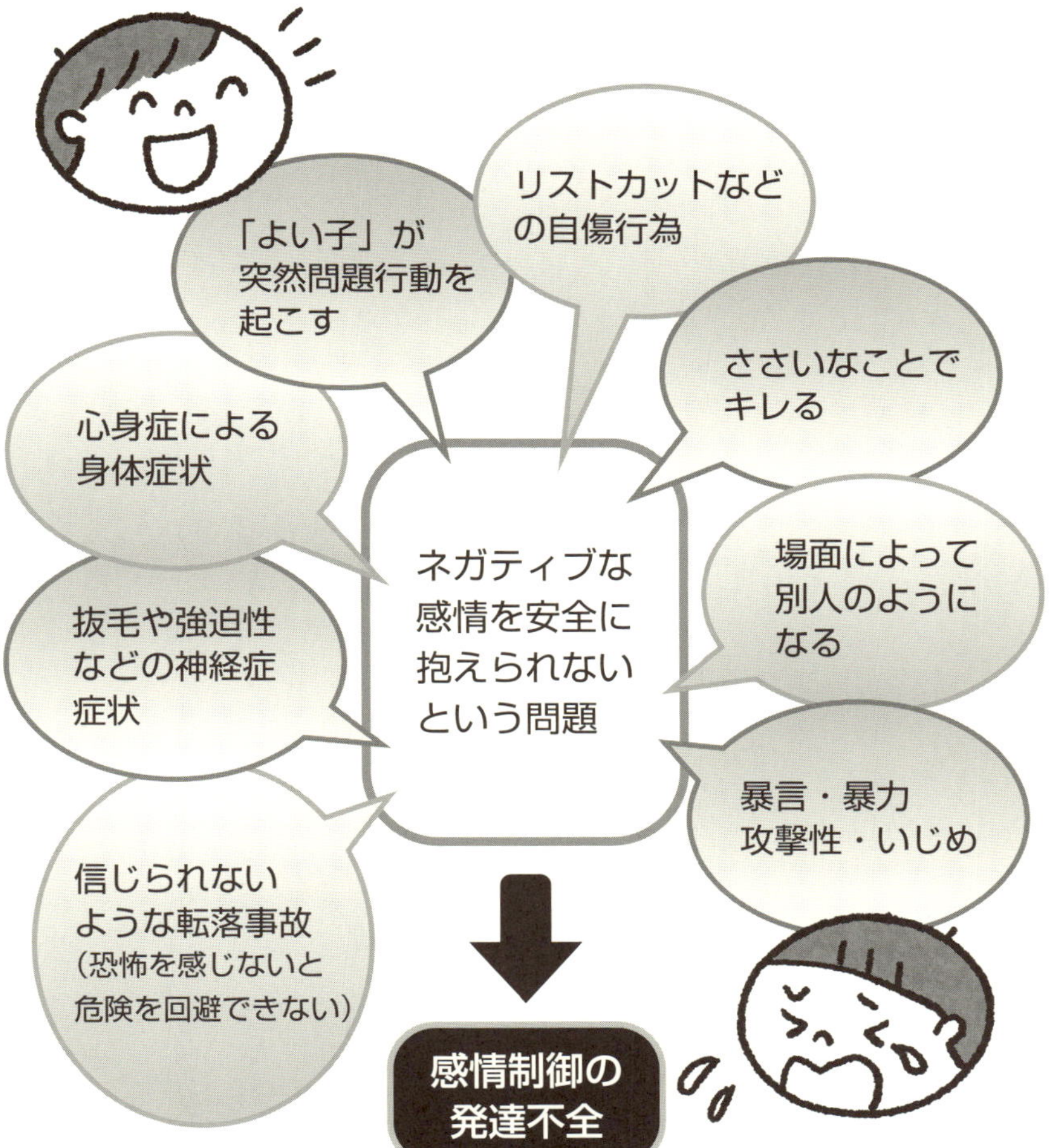

例をあげて説明しましょう。

私が1年生を担任したときのことです。図工の時間、「なかなか上手にできているね。すごいね」とA子をほめました。すると5分後、ある男の子が立ち上がって、急に大声で叫び始めたのです。なぜ怒っているのだろうと思いましたが、「増田先生は、Aちゃんばっかりかわいがる!」と叫んでいたので、彼にとっては、ほかの子がほめられていることがおもしろくなかったのだということがわかりました。

ほかの子がほめられておもしろくないという気持ちは、誰もがもつ感情です。しかし、それをいちいち気にしていたら社会生活を営むことはできません。「不快なままでいられる」あるいは「不快な感情をうまく処理できる」というのは大事な能力なのです。

不快になることは、誰にでもあります。不快にならないことがよいことなのではありません。大切なのは、不快になったその先です。「不快な感情をうまく処理できる」ことが必要なのです。それができない状態を、私は「感情制御の発達不全」と呼んでいます。「不全」ということは、補うことが可能だということです。

よく「感情豊かな子に育てよう」と言われます。それは一般的には、ポジティブ感情だけをイメージしているようです。しかし、人間は常にポジティブに生きていくことはできません。ネガティブ感情も含めて大事にすることが大切なのです。ネガティブ感情を大事にすることで、「感情制御の発達不全」を補うことができます。

具体的にはどうしたらよいのでしょうか？　ある幼稚園の事例を紹介します。


砂場で数人の子どもが遊んでいました。男の子が友だちに遊び道具をどんどん取られていましたが、何も言えずにいました。それを見ていた保育者も、何も言わずに見ているだけでした。そこで私は保育者に、「これでは、この子の『不快感情の処理能力』が高まりません。きちんと、ネガティブ感情を表現できるように促して下さい」と伝えました。

数日後、その子がまたスコップを取られてしまいました。そこで保育者は、「取られてイヤじゃないの？」と声をかけました。すると、その子は「ぼくが使ってるの、取らないで！」と言えたのです。

保育者は、「スコップ取られて怒ったんだよね」「うまく怒れたね」と、その子を認めました。それ以来、その子は、自分の感情を表現できるようになっていきました。


このように、「ちゃんと怒れるように大人が促す」ことで、不快感情の処理能力は高まっていき、ひいては「感情制御の発達不全」は補われていきます。

また、子どもが泣いたりわめいたりしたときに、「うるさいわね。いい加減に泣きやみなさい！」と怒ってしまうことがあります。子どもは仕方なく泣きやみますが、これは大人に怒られたから泣きやんだだけです。子どもが自分で泣きやもうと決めて、泣きやんだわけではありません。

子どもたちに身につけさせたいのは、自分で自分の感情をコントロールして泣きやむ力です。そこで、こうした場合には、大人は「泣きやみなさい！」と言うのではなく、泣きやむために必要な「落ち着く時間」と「落ち着く場所」をつくることが大切です。

そのほかにも、「感情制御の発達不全」を補う方法があります。

私が小学1年生を担任していたときのこと。体育館に行くために廊下に並ばせると、ある男の子が前から3番目になりました。そうしたらその子は、「1番じゃやなかった。殺してやる！」と言ったのです。

その子は、家庭で「いつも1番になるようにしなさい」と言われていたのでした。普通なら教師は、「そういうことを言ったらダメでしょ！」と怒りがちです。しかし、それではその子どもは成長しません。私は、「1番じゃなくて悔しいんだよね」と言い換えました。つまり、「不快感情の言語化」をていねいに教えたのです。教師や保育者が、子どもの不快感情をきちんと相手に伝わる言葉に言い換えてあげるという翻訳者の役目をすることで、「感情制御の発達不全」を補っていくことができるのです。

ネガティブな感情も含めて子どもを受けとめる

最近は、幼児教育で子どもの感情をていねいに聞く保育者が増えています。もちろんよいことなのですが、それがどのような意味を持っているのかを理解している人は少ないようです。

大脳のうち、外側にあるのが大脳新皮質で、認知の機能を司り、思考を担っています。たとえ

ネガティブ感情を統合した発達の姿

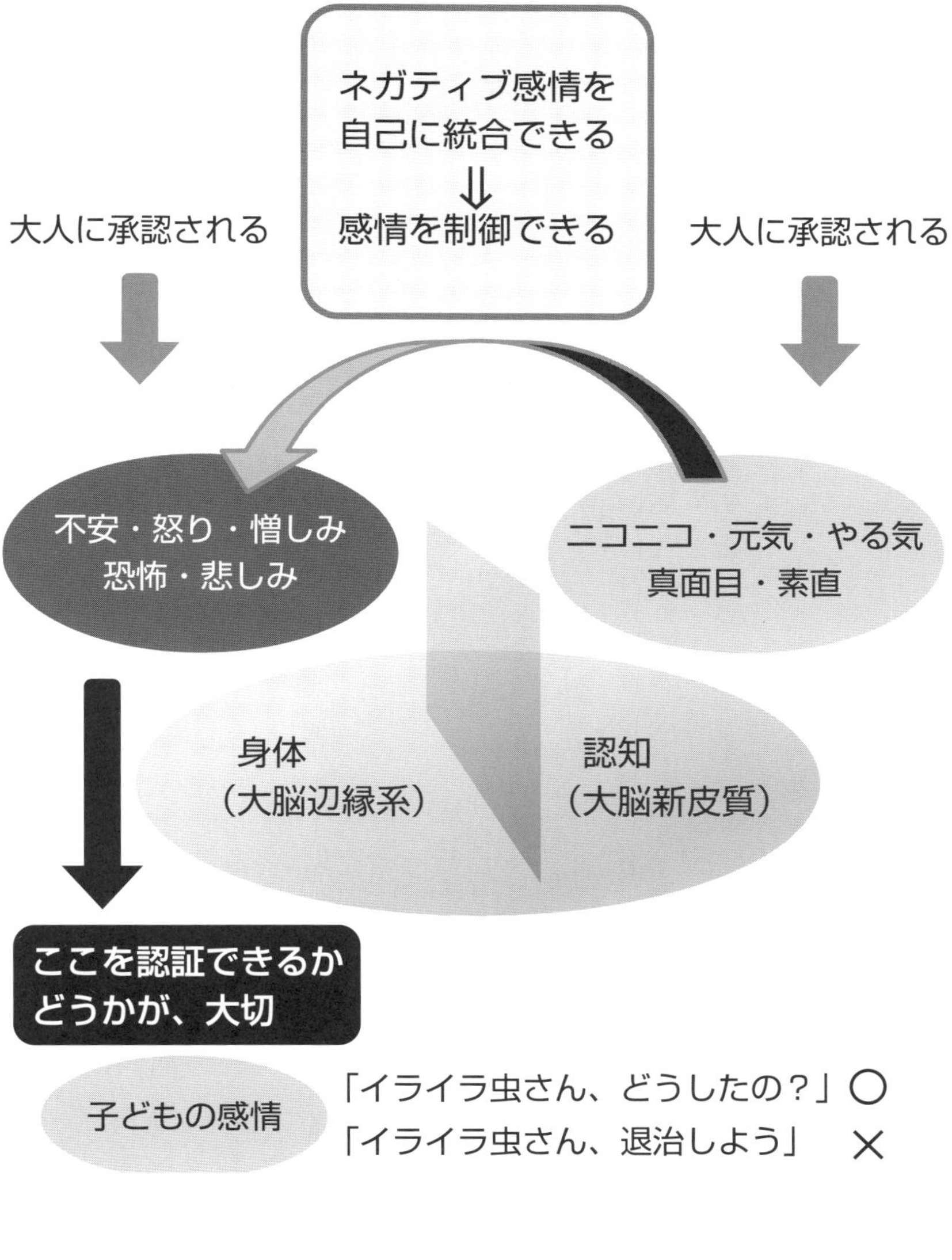

ば、「ニコニコ」「元気」「やる気」「真面目」「素直」などのポジティブな感情を処理します。

内側にあるのが大脳旧皮質である大脳辺縁系で、「動物脳」とも言われています。海馬や扁桃体など脳の奥にある複数の領域を総称しており、海馬は短期記憶を、扁桃体は感情とそれにともなう身体反応を司ります。大脳新皮質とは違い、「不安」「怒り」「憎しみ」「恐怖」「悲しみ」などのネガティブな感情を処理します。

「ニコニコ」「元気」「素直」などのポジティブな感情は、大人に認められやすいものです。極端な言い方をするなら、子どもは、ニコニコしたり、元気な様子を見せると大人が喜ぶからそうしているのです。

一方、「不安」「怒り」「悲しみ」などのネガティブな感情は、大人に承認されにくいものです。いや、むしろ否定されがちなのではないでしょうか。

しかし、この大脳辺縁系が感じるネガティブな感情は、とても大事な役割をしています。夜に暗いところを歩いていると、誰もが不安になります。それは、かつては人間も、夜に暗いところを歩いていたら野生動物に襲われて命を落としてしまうかもしれなかったからです。そのため、命を守るシステムとして、大脳辺縁系（動物脳）にそうしたネガティブ感情を感じるように、DNAが組み込まれているのです。

こうした仕組みを考えたとき、ポジティブな感情だけでなく、ネガティブな感情も認めることで、大脳の外側と大脳の内側の感情がつながり、「ネガティブな感情を自己に統合できる」ようになります。その結果、感情の統合が促されるのです。

今の子どもたちは、ネガティブな感情をあまり認められていません。そのため、大脳の外側の感情と内側の感情が分かれてしまうのです。これが、子どもが荒れる一因となっているのです。だからこそ、ポジティブな感情だけでなく、ネガティブな感情も含めて、子どもの感情を認めることが大事になっているのです。もし子どもがイライラしていたら、「今、イライラしているのね」と受けとめることです。子どもには、イライラする権利があると考えるべきなのです。

2「増田メソッド」の3本柱

いちばん大事なのは座っていられること

小1プロブレムは、「座っていられない」ことから始まります。

子どもが座っていられないのには、いろいろな理由があります。まずは、身体の問題。体幹がしっかりしていないので、すぐに身体がぐにゃりとしてしまう。これは、インナーマッスルを鍛え、バランスのよい身体をつくっていくトレーニングで解消します。

ちなみに、バランスのよい身体づくりは、身体の問題だけでなく、子どもの心にも影響します。子どもにとって、身体が思うように動かないのは非常なストレスとなります。自分で身体をコントロールできるようになると、それはとても快感なので、子どもは意欲的になります。もちろん、運動に対しても積極的に取り組めるようになります。

次に、感覚の問題です。座るということを簡単なものだと考えがちですが、そうではないのです。座っていられないことの理由の一つ目に、今の子どもたちは、腰やお尻の触覚を通して入ってくる椅子や机からの情報を処理しきれない場合が多いということがあげられます。これは、必要な情報と必要でない情報を、整理して取り込めるようにする「感覚統合」のトレーニングを行うことで解消します。

二つ目に、話が理解できないということがあります。教師が話していることが理解できなければ当然、座って聞いているのは苦痛です。そこには、言語能力が育っていないという問題があるのです。これは、授業や生活のなかで語彙の不足を補っていくことで解消します。

「座っていられない」、このキーワードからだけでもいくつもの課題が見えてきます。

そこで、提案したいのが「増田メソッド」の「体幹づくり」「感覚統合」「言語能力を鍛える」の３本柱です。

増田メソッド１●体幹づくり

落ち着きのない子やけがの多い子などの共通点として、「座っているときに、すぐに体が揺れ始める」「まっすぐに座っていられず、身体が斜めになる」「長い間立っていられない」ということがあります。

こうした状況を受けて、東京都教育委員会は平成24年10月に「子どもの体幹を鍛える～正しい姿勢のもたらす教育的効果の検証～」の研究を進めていく旨の通達を出しました。その通達には、「正しい姿勢のもたらす様々な教育的な効果を検証するとともに、体幹を鍛え正しい姿勢を身につけさせるための日常の学校生活における効果的な指導の在り方を検証する」との研究目的が書かれています。

研究は、平成24年11月から平成26年3月まで行われました。その結果によれば、体幹を鍛える動きを取り入れることによって、姿勢制御に最も必要なインナーマッスルを強化し、重力とおりあいをつける「垂軸」と体勢を楽に保つ「体軸」を揃え、きちんと座れる子どもになるということがわかりました。

また、「体幹」を鍛えることで、学習への集中力が増したり、感情表現が豊かになるという副次的効果が期待できることもわかりました。

「体幹」を鍛える方法については、実際の活動例として第３章で紹介しましょう。

インナーマッスルとは？

「体幹づくり」には、インナーマッスルを鍛えることが大切です。

大腰筋と腸骨筋を合わせて、腸腰筋と言います。腸腰筋は、スポーツパフォーマンスを向上させるために重要な筋肉であるとともに、最近ではダイエットなどでも話題になっています。この腸腰筋はインナーマッスルであり、身体のバランスをとるのに重要な役割をします。

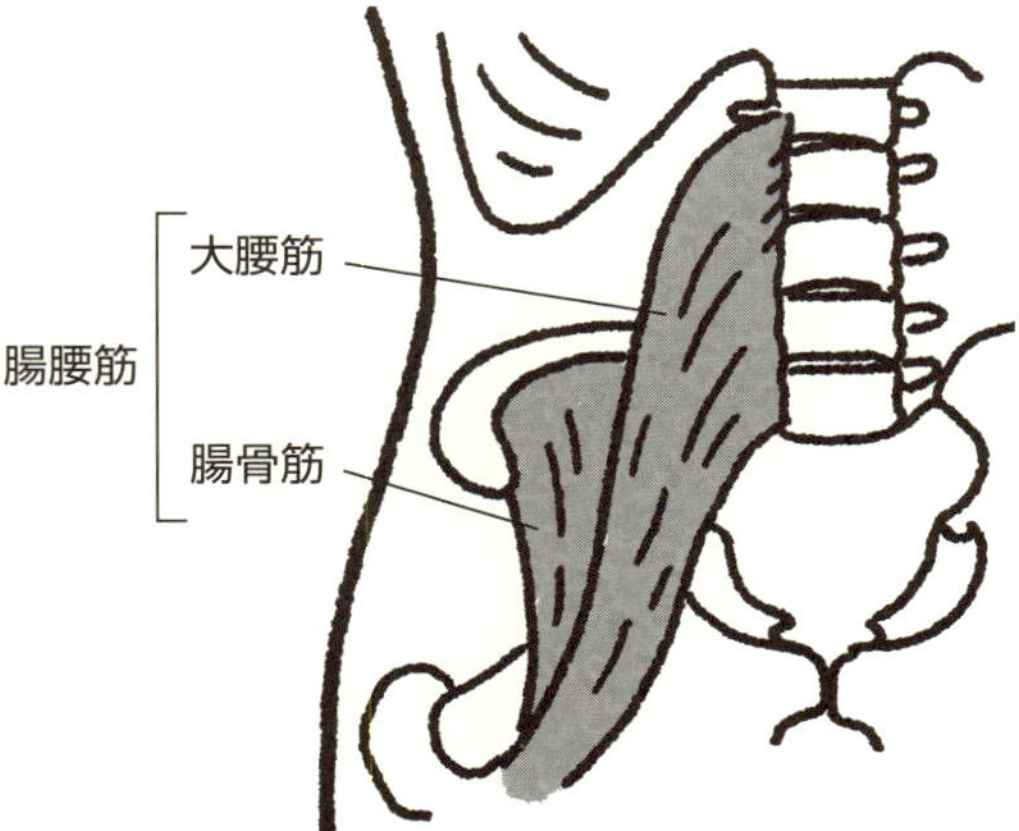

出典：森川靖「インナーマッスルを使った動きづくり革命 Part1」（あほうせん）2008年2月 P.33〜35

増田メソッド2●感覚統合

「感覚統合」とは、多くの感覚情報を必要なものとそうでないものに分けて整理したり、関連づけたりして、うまく行動できるようにするための働きのことです。

人間には「触覚」「視覚」「聴覚」「味覚」「嗅覚」の「五感」があることは、誰でも知っているでしょう。実はそのほかに「３つの感覚」として、「触覚」「平衡感覚」「固有受容覚」が存在しています。「触覚」はどちらにもまたがっている感覚です。この「３つの感覚」は、ほとんど無意識に使っている感覚です。

五感と３つの感覚の違い

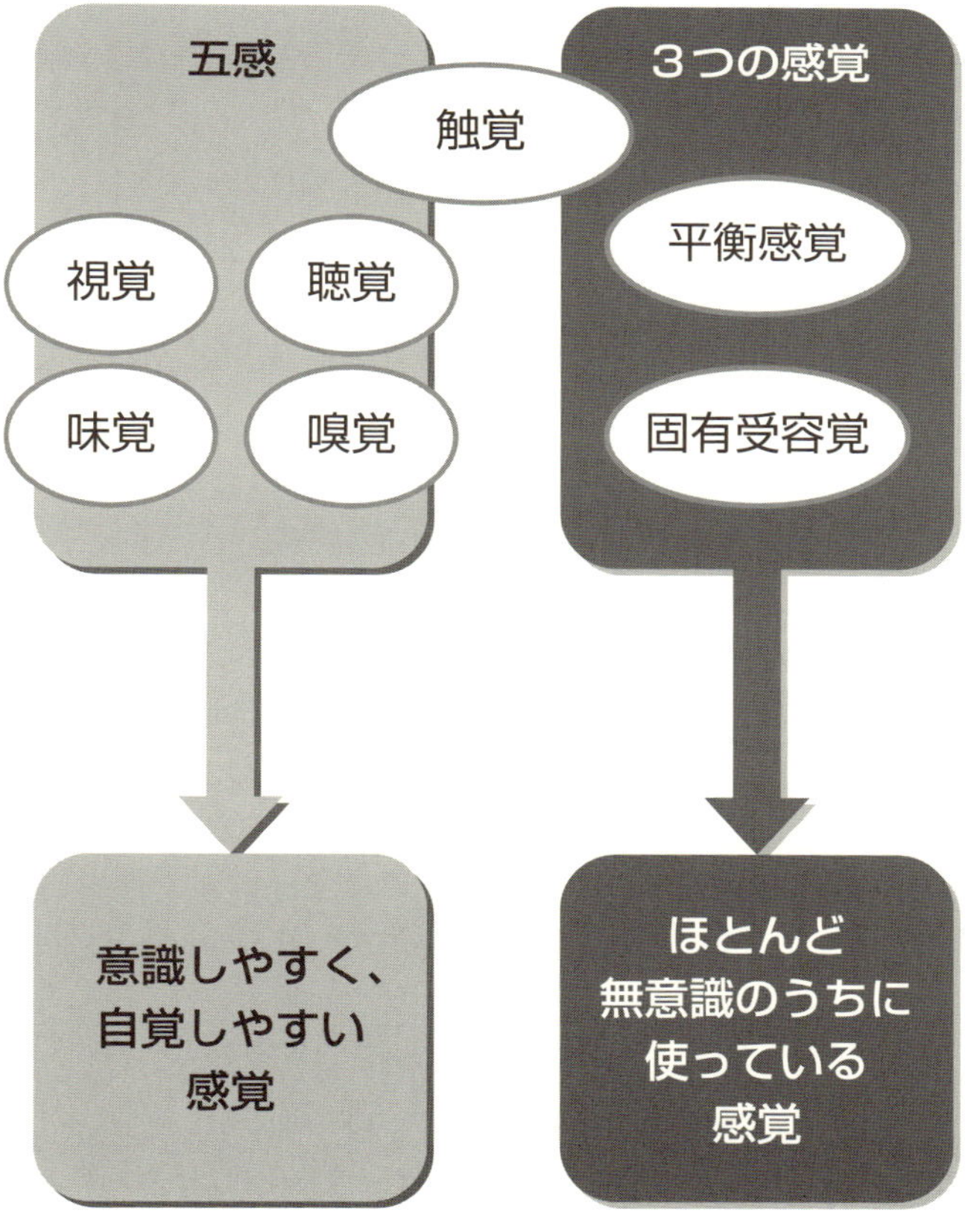

①平衡感覚（前庭覚）
・頭の傾きを感じ、身体のバランスをとる。
・重力や加速度を感知し、身体のバランスをとる。
②固有受容覚
・関節の曲がり具合、筋肉の張り具合を調節する。
・身体を動かすときのアクセルやブレーキとなる。
③触覚
・危険を察知し、本能的に身を守る行動を起こすスイッチとなる。

これら「３つの感覚」のいずれかに難がある場合、「感覚統合」がうまくいかず、生活に不具合が生じてしまうのです。それは、ダイレクトに小学校生活に影響を与えます。

①「平衡感覚」に難がある場合
「ブランコに乗ったときに、身体が傾く子ども」や「フラフラと身体が動いたり、一本橋を歩かせるとすぐに落ちてしまう子ども」などがいます。

こうした子どもは、「平衡感覚に難がある」と言えます。自分の身体がどのような状態なのか、どのくらい傾いているのかが分からないのです。

【調べ方】

平衡感覚に難があるかどうかは、「手ぶれ防止機能があるかどうか」「回転したときに元に戻れるかどうか」などを調べてみるとわかります。

手ぶれ防止機能を感じよう

首を動かさずに指を左右に動かす、
指を動かさずに顔だけ動かす。

ぴったり１周できるかな？

目をつぶったまま、小刻みに足踏みを
しながらぐるりと回る。

「手ぶれ防止機能があるかどうか」を調べるために、首を動かさずに指を左右に動かす、指を動かさずに顔だけ動かすといった動きをしながら、指から目を離さないようにやってみましょう。動いている指を目で追いかけることができるでしょうか。自分が動きながら、指から目を離さずにいられるでしょうか。これがうまくできれば、「手ぶれ防止機能」があるということ、できなければ「手ぶれ防止機能」がないということです。

この動きは、眼球運動を確認するものです。目には動くものに視線を合わせる機能と、自分が動いている間、視野を保つ機能があります。いずれも、頭部の動きを感じる前庭覚（三半規管）に眼球運動を連動させることが必要です。

「感覚統合」がうまくできていない子どもの場合、前庭覚にトラブルがあることが多いため、この「手ぶれ防止機能」が働かないのです。

なお、目をつぶったまま、小刻みに足踏みをしながらぐるぐるりと回り、同じ位置で正面を向くことができるかどうかも、判断材料の一つになるので、ぜひやらせてみてください。

② 固有受容覚に難がある場合

「手をまっすぐに上に伸ばす」という指示に対して、手は上にあげているが、肩やひじが曲がったままだったり、「前へならえ」をすると、どうしても手首が下がってしまうという子どもがいるはずです。

また、ボール運動が得意で運動神経抜群に見えるのに、マット運動やなわとびなどの運動は意欲に欠ける子どももいるのではないでしょうか。

そうした子どもに対して、教師は「言われたとおりにしなさい！」とか「うまくなるまで練習しなさい！」などと要求しがちです。しかし、感覚統合に難がある子どもは、言われたとおりにしているつもりだし、どんなに練習しても上達しないのです。子どもの状態を理解しないまま要求を続けていると、「何回もやっているのに、全然できない」と、自己否定感を強めることにもなってしまいます。

こうした子どもは、「固有受容覚に難がある」場合が多いのです。固有受容覚は、関節の曲がり具合や筋肉の張り具合を調節したり、身体を動かす時のアクセルやブレーキの働きをしています。

【調べ方】

固有受容覚に難があるかどうかは、次の実験をしてみるとわかります。

ある程度の重さがあって同じ大きさの本を3～5冊程度用意します。その後、子どもに目をつぶらせ、両手を水平に出させます。そして、教師が手の上に「これが1冊」「これが2冊」「これが3冊」と伝えながら1冊ずつ乗せていきます。乗せ終わったら、全部の本を取ってしまいます。

次に、もう一度、本を何冊か手の上に乗せます。「何冊あるかな？」と聞いてみましょう。それが正しければ、固有受容覚が正しく働いている証拠、正しくなければ働いていない証拠となります。

なお、体育などで横に手を伸ばしたとき、本人はまっすぐに伸ばしているつもりでも両手が下がってしまう場合には、次ページのイラストのように教師が子どもの手をはさみ、スッと引きながら水平の位置を教える「サンドイッチ法」を使う

固有受容覚は正しく働いている？

と直すことができます。

というのも、五感と3つの感覚の双方にまたがっているのが「触覚」だからです。このように触覚を通して、固有受容覚を鍛えていくこともできます。

③ 触覚に難がある場合

「筆圧が弱い、または強いため、書くのに時間がかかったり、読みにくい字になってしまう」「文字を消しゴムで消すときに、紙がクシャクシャになってしまう」「鍵盤ハーモニカやリコーダーが上手に演奏できない」などの子どもがいます。

ここでも、そうした子どもに対して教師が「どうしてできないの！」「何度言ったらわかるの！」などの声をかけてしまうと、子ども自身は一生懸命やっているわけですから「何度やってもダメな自分」と感じて、自己否定感を強めてしまうのです。

教員時代、練習しているにもかかわらずリコーダーが上手にならない子どもを担任したことがありました。どうしてできないのだろうとよく見ていると、リコーダーの穴と指がうまくマッチせず、穴をきちんと押さえられないことがわかりました。つまり、指の触覚がうまく働かないため、穴の位置が探しあてられないのです。

そこで私は、穴の位置をはっきりさせるために、パンチした穴を補強する「パンチ穴補強シー

サンドイッチ法で水平の位置を知る。

ル」（ドーナツ型になっているもの）を一つの穴に対して5枚ほど貼って高さをつくってみました。すると、穴の場所を認識しやすくなり、リコーダーが吹けるようになりました。ある程度、指の位置と穴が一致するようになった段階で、徐々にシールをはがしていきました。すると、最終的にはシールがなくても吹けるようになったのです。

増田メソッド３●言語能力を鍛える

本書のはじめに述べた子どもの荒れの問題は、子どもが自分の気持ちを相手に伝える言語能力が不足していることから起こるケースも多いのです。

子どもの言語能力を鍛えるためには、言葉の数を増やすことが必要です。しかし、それは単に言葉を覚えさせればよいのではありません。同時に、概念も獲得していく必要があるのです。

認知科学では、「子どもの初期の言語には物の名前を表す名詞が動作をあらわす動詞よりも多く含まれる」「子どもが初期に獲得する語彙は動詞より名詞である」とされています。

私たちはなぜ「机」とか「椅子」などという言葉を獲得するのでしょうか。四角くて4本の足がついたものだけを机とするのではなく、ときには「これは机なの？」と言いたくなるような突拍子もない形のものも、それが「机」であればそう認識することができます。私たち人間は、さまざまな机を見て、その共通性を探し出すことで名詞を獲得していきます。

つまり、私たちは名詞を足場にしながら、概念を獲得していくのです。逆に言えば、概念の獲得がともなわない言葉をたくさん覚えても使いこなすことはできないのです。

言葉の数を増やし、言語能力を鍛えるための方法についても、実際の活動例として第3章で紹介したいと思います。

3 小1担任がまず知っておくべきこと

小1プロブレムを回避するために、また高学年につながるその後の学校生活をよりよいものとするために必要なのが「体幹づくり」「感覚統合」「言語能力を鍛える」の3つと、それらを通して心を育てることが大切であるいうことがおわかりいただけたでしょうか。

小学校生活のスタートにおいては、クラスの子どもたちにこれら3つの力がどの程度育っているのかを見極めることが大切です。家庭環境や幼稚園、保育園で受けてきた教育によって、また個性によって、小学校に入学したての子どもたちの力には大きなばらつきがあります。その差が大きければ大きいほど、学級崩壊の可能性は高くなります。

できるだけ早い時期に、それぞれの子どもたちに合った方法で指導を行い、ばらつきを修正することが、その後の学級運営をスムーズにします。

子どもたちの３つの力を見極めるには、どのような方法があるのでしょうか。

もちろん、授業や休み時間、給食の時間などを通して、誰にどのような力があるかないかは、わかってくるものです。しかし、クラス35人全員を理解するまでには、相応の時間がかかります。小１プロブレムを回避するためには、そこから起こる問題が生じる前、できれば入学直後に子どもたちの状態を理解し、対処していくことが必要だと私は考えます。

そこで、提案したいのがスタートワーク「まなびっぽ」※（日本標準発行）です。時間にして30分程度、子どもにとっては遊び感覚で取り組めるワーク形式の教材です。

これを使用することで次のようなことがわかります。

・名前が書けるか。
・鉛筆が持てるか。
・姿勢はよいか。
・集中して取り組めるか。
・ひらがなは読めているか。
・ひらがなが書けているか。
・話を耳で聞いて理解し、その行動をすることができるか。
・基本的な生活習慣はできているか。

※小学校のみのご注文になります。入門期教材とセット販売を行っています。
書店・個人の方への販売はしておりませんので、ご了承ください。

・園でいろいろな身体を使った遊びをしてきたか。
・「体幹」「感覚統合」「言語能力」は育っているか。
・社会のルールを知っているか。
など

入学直後、まだ授業が始まる前の時期に使用することで、子どもの3つの力を的確に見極めることができます。

4 クラスづくり、授業づくりのためになすべきこと

小学校生活のスタートの段階で「体幹づくり」「感覚統合」「言語能力」の3つの力を育てていくことは、その後の学校生活において非常に大切なことです。

そこで、朝の会や授業、昼休みなどさまざまな場面において、「体幹づくり」「感覚統合」「言語能力」の3つの力を育てる活動を取り入れていくことをおすすめします。

第3章では、具体的な活動内容について紹介します。

第3章

小1プロブレム対策のための活動例

ある保育園から、「子どものけがが多いので、どうしたらいいでしょうか」と相談がありました。

よく聞いてみますと、1年間に救急車を呼ぶような大きなけがが10回もあるということ。園の施設の危険な箇所のチェックを職員の皆さんが日々しておられるのにです。

これは、第2章でも紹介したように「体幹」や「感覚統合」に問題があるのではないかと、遊びのなかにトレーニング的な要素を盛り込むことを提案し、見守っていきました。

公園での一本橋渡りやギャロップやスキップなど身体の基礎づくりを行いました。それは次第に、子どもが自信を持って取り組む姿に変わってきました。姿勢の悪い子、身体が揺れて落ち着きがない子などの改善も見られ、2年後には3件のけがに減り（うち2件は比較的軽いもの）、3年後には0件になりました。

幼児期に十分に身体を使って遊ばなかった子どもが、小学校に入学してくることを1年生の担任の先生方は、認識しておく必要があると考えます。小学校で教科書に沿った授業が始まると、なかなか「体幹づくり」や「感覚統合」のためだけに時間をとることは難しくなります。

そこで、これらの力が身についてこなかった子どものための対策として、授業のなかや学校生活のなかで短い時間でも簡単にできる「活動例」をご紹介いたします。

② 頭につく文字を変えて、子どもがやってみる。

教　師：♪「ぶ」のつくものはなんだろな♪

子ども：♪ぶたです　ぶりです　ぶどうです♪

③ 子どもがあげた言葉から、会話を広げる。

教　師：「ぶり」ってなあに？　みんな知っている？

子ども：魚！

教　師：そう、魚だね。食べたことはあるかな？

指導のポイント
・国語の授業のはじめの５分に毎回音を変えておこなうとよい。
・次回の音の言葉集めを宿題に出してからおこなう。

発展　子どもから抽象的な言葉があがったときは、その意味を問いかける。

教　師：「らく」っていうのはどういう意味？

子ども：何もしないこと。

教　師：そうか、らくだよね、何もしないのは。

⋮

言葉の意味をクラス全体の共通理解にしていくことで、コミュニケーションがとれるようになり、クラスのまとまりにもつながる。

活動例1 言語能力

- ▶ 国語
- ▶ 生活科
- ▶ 朝の会
- ▶ 帰りの会

言葉集め・あいうえお

子どもの現状
- 言語能力が不足している子が多く、子どもの荒れの原因の一つとなっている。
- 家庭環境によって語彙力に大きな差ができており、スタート時点での学力差につながっている。

ねらい
- 言語能力の基礎となる語彙数を増やし、言語能力の不足を解消する。
- 読解力のもととなる名詞をたくさん獲得する。

同じ音（文字）のつく言葉を集める

言語能力の基礎となる語彙数を増やすための活動です。「あめ」「あり」など、はじめの文字が同じ言葉を集めて発表します。

準備：とくになし

① 教師が手本を見せる。

教　師：「あ」のつく言葉を探してみよう。文字の数が２つ、２つ、３つの順で言ってみるよ。
♪あのつく言葉はなんだろな♪
♪あめです　ありです　あひるです♪

ゲーム感覚で学びながら語彙数が増え、概念の整理ができる。

② グループごとに全員の前で発表する。

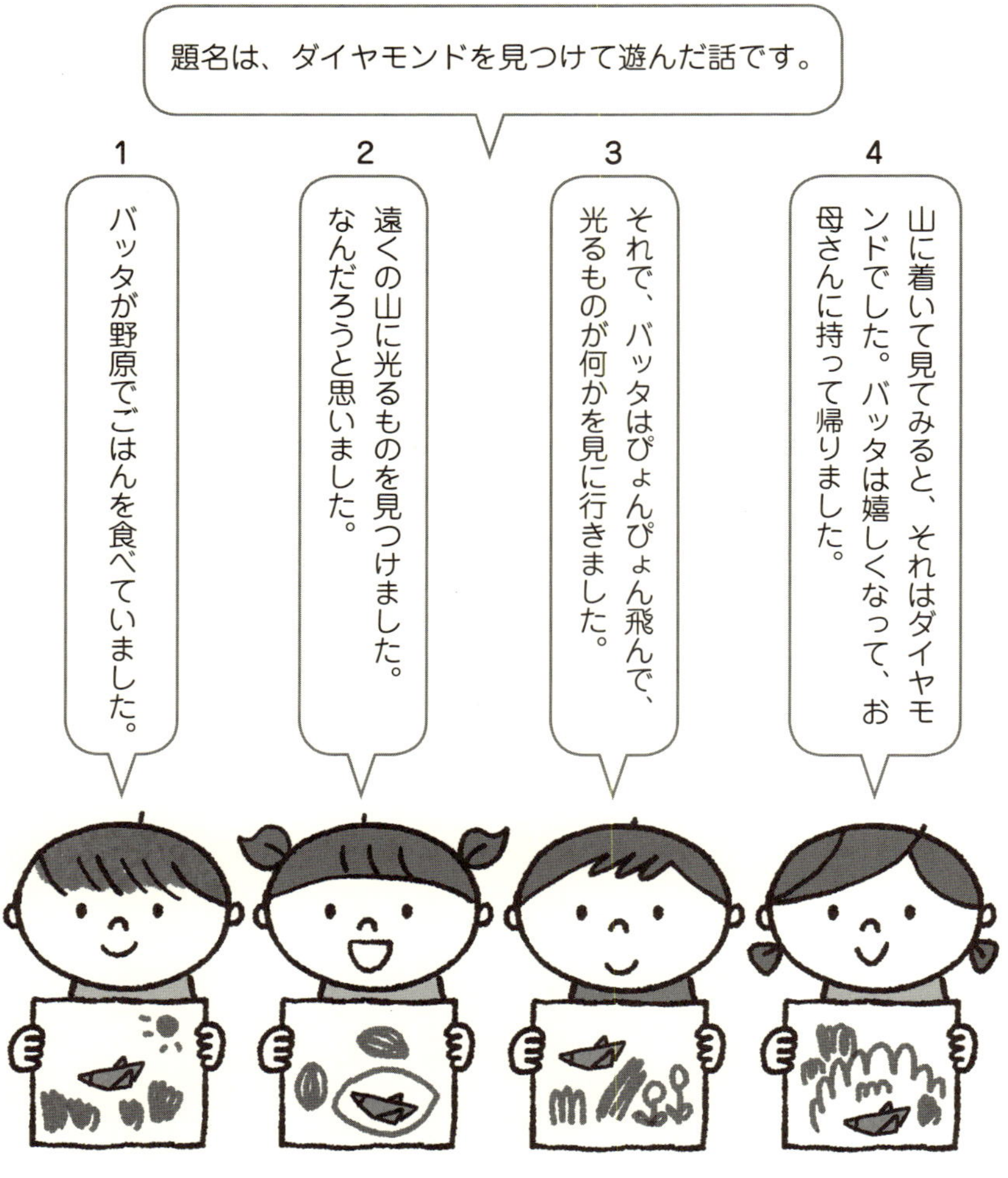

題名は、ダイヤモンドを見つけて遊んだ話です。
1
バッタが野原でごはんを食べていました。
2
遠くの山に光るものを見つけました。なんだろうと思いました。
3
それで、バッタはぴょんぴょん飛んで、光るものが何かを見に行きました。
4
山に着いて見てみると、それはダイヤモンドでした。バッタは嬉しくなって、お母さんに持って帰りました。

指導のポイント

・まずは、「そして」「それで」などとつなげてみる（順接）ことを教える。
・順接での物語づくりに慣れてきたら、「でも」や「しかし」でつないで（逆接）物語を広げていくことを教える。
・絵をどのような順番でつなげていくと物語になるかを考えさせる。

活動例2 言語能力

▶ 国語
▶ 生活科

物語づくり

子どもの現状
・言葉で気持ちを伝え合うトレーニングが不足している。
・言葉で伝えられないことで、暴力で気持ちを表現しようとする子どもがいる。

ねらい
・物語づくりを通して、状況や理由、気持ちなどを言語化して説明する力を育てる。
・話し合いを通して、自分の考えを伝えることをくりかえし経験する。

４枚の絵をつなぎ物語にする

一人ひとりの絵（場面）をつないで物語をつくるための話し合いを通して、言葉で伝え合う経験を重ねます。

準備：画用紙、クレヨン、折り紙、のり

折り紙で鶴やバッタなど、グループごとに同じものを折り、画用紙に貼って、それぞれが好きなように絵を描いて一場面を仕上げる。

少人数から始めて、みんなが自分の考えを伝えられるようにする。
４人なら起承転結もつくれる。

① ４人グループをつくり、それぞれが描いた絵を持ち寄って話し合い、物語をつくる。

＊折り紙の折り方については、折り方の本やインターネットなどを参考にする。

活動例3 言語能力

- ▶ 国語
- ▶ 生活科
- ▶ 朝の会
- ▶ 帰りの会

インタビュー

子どもの現状
・人の話が理解できず、じっとしていられない（座っていられない）子どもがいる。
・人に気持ちを伝える、人の話を聞く経験がともに不足しており、どちらもできない子が多い。

ねらい
・「質問する」「答える」経験を通して、聞く力、伝える力を育てる。
・人の話を聞く経験を重ね、人の話を聞く・理解する力をつける。

インタビュー形式で、「質問する」「答える」

1問1答の、聞きやすい・答えやすいやりとりから始め、「質問する」「答える」ことに慣れていきます。また、2人のやりとりをみんなで聞くことで、「聞き方」「話し方」を学んでいきます。

準備するもの：とくになし

① 2人1組をつくり、1組ずつ前に出る。
② 一方がインタビュアーになって質問し、もう一方が答える。
③ 同じテーマでの質問を、役割を入れ替えておこなう。

好きな食べものはなんですか。
アイスクリームです。
どんなアイスクリームが好きですか。

答えやすい単純なテーマから始める。成功体験が自信につながる。

指導のポイント
・あらかじめテーマを設定し、子どもに伝えてからおこなう。テーマ例：「好きな食べものについて」「好きな遊びについて」など。
・朝の会などで1人ずつ行うのもよい。

活動例４ 言語能力

▶ 国語
▶ 生活科
▶ 朝の会
▶ 帰りの会

宝もの紹介（スピーチ）

子どもの現状
・人に自分の気持ちや考えを伝える力が育っておらず、コミュニケーションがとれない。
・人前に立って話す経験が不足しており、授業で発表や発言ができない子がいる。

ねらい
・思考を組み立てて言語化していく経験をし、発言力を育てる。
・人前で自分の気持ちや考えを伝えることに慣れて自信をもたせ、授業での発言につなげていく。

自分の大切なものについてみんなに伝える

気持ちを伝えやすい「宝もの」をテーマに、思考を言語化していく経験をします。

準備：自分の家から「宝もの」を持ってくる。
　　　何を話すか考えておく。

① 1人ずつ前に出て、家から持ってきた「宝もの」を見せ、それについて話す。

手に物を持つことで緊張感が和らぐ。

指導のポイント
・宝ものが何で、なぜ大事なのかを説明するように伝える。
・具体的な宝もの（実物）があることで、それにまつわる話をすることができるようになる。
・朝の会などで1人ずつ行うのもよい。

活動例５ **言語能力**

- ▶ 国語
- ▶ 生活科
- ▶ 朝の会
- ▶ 帰りの会

１分間スピーチ

子どもの現状

- ・人に自分の気持ちや考えを伝える力が育っておらず、コミュニケーションがとれない。
- ・人前に立って話す経験が不足しており、授業で発表や発言ができない子がいる。

ねらい

- ・自分の考えを論理的に人に伝える経験を積み、「根拠を示しながら意見を言う力の育成」につなぐ。
- ・人前で自分の気持ちや考えを伝えることに慣れて自信をもたせ、授業での発言につなげていく。

あらかじめ準備した内容を話す

「インタビュー」（活動例３）、「宝もの紹介」（活動例４）の次の段階として、テーマを変え、それに基づいて話をします。話を整理して論理的に伝える力を育てます。

準備：前もってスピーチのテーマを伝え、話す内容を考えておく。

① 一人ずつ前に出て話す。
② 質問タイムを設け、答える。

思いや考えを言語化する作業がコミュニケーション能力を育てる。…

指導のポイント

- ・あらかじめ話したい内容を考えてから話すように伝える。
- ・時間の長短は気にせず、まずは話をするということを大切にする。
- ・質問が出ないときは、教師が質問をし、質問のし方や内容を示す。
- ・朝の会などで１人ずつ行うのもよい。

テーマ例：「将来の夢」「好きなもの」「幼稚園や保育園でいちばん楽しかったこと」など。

活動例6　体　幹　感覚統合

▶ 体育
▶ 生活科
▶ 休み時間

ケンケンパ

子どもの現状
・体幹が育っておらず、ピンと背筋を伸ばして座っていられない子どもがいる。
・自分の身体を思うように動かせず、何に対しても意欲が低下しがちな子どもがいる。

ねらい
・体幹を鍛え、正しい姿勢で落ち着いて座っていられるようにする。
・足の裏を使ってジャンプをする身体の動きを身につける。
・枠を変えてくり返し取り組むことで、集中力が身につく。

枠を意識してリズミカルに跳ぶ

片足跳びは、体幹を鍛えるのに最適な運動です。休み時間など、短い時間を活用して毎日取り組むことで、着実に体幹を鍛えることができます。

準備：校庭ならラインカー、体育館ならビニールテープなどで「ケンケンパ」の枠をつくる。

① 「ケンケンパ」と言いながら、枠の中を「ケンケンパ（片足、片足、両足）」の順に跳ぶ。
② 枠から足が外れたり、片足のところで両足をついてしまったら失敗。最後までできたら成功。
③ 慣れてきたら、跳ぶ足を変えてやってみる。
④ 「ケンケンパ」と跳ぶことに慣れてきたら、「パパパケン」「ケンパケンパケンパパパ」などと枠を変えて挑戦してみる。

枠の中に足がおさまるよう意識することで、感覚が統合される。

指導のポイント
・校庭に枠を常設しておき、いつでも気軽に「ケンケンパ」の練習ができるようにするとよい。

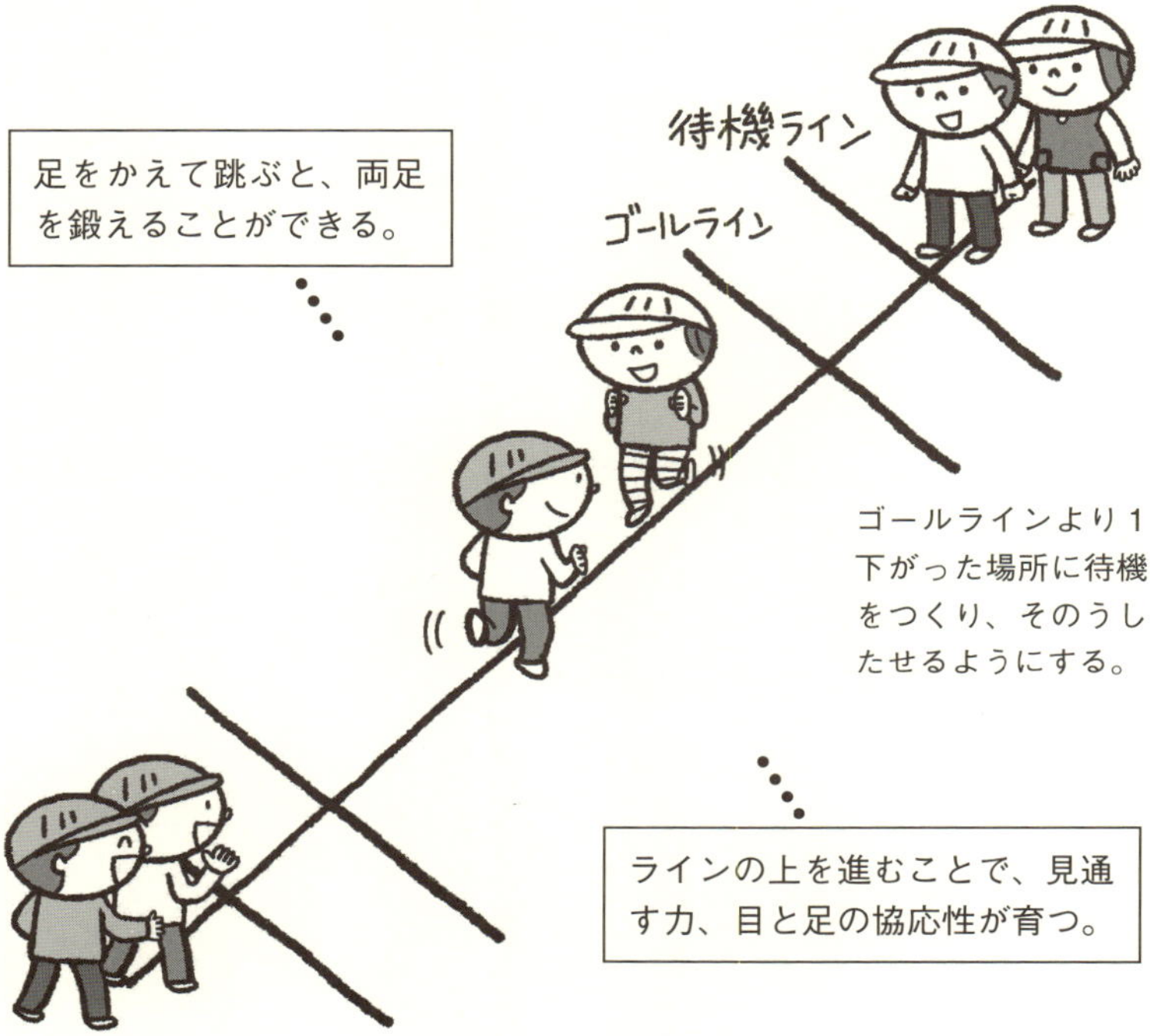

足をかえて跳ぶと、両足を鍛えることができる。

ゴールラインより１～２m下がった場所に待機ラインをつくり、そのうしろで待たせるようにする。

ラインの上を進むことで、見通す力、目と足の協応性が育つ。

指導のポイント
・先を急ぐことより、両足をついたり、ラインから大幅に外れたりしないことを大切にするよう伝える。
・上半身の動きと腕のひき上げによって片足跳びがうまくいくことを教える。

発展

慣れてきたら、ラインをカーブさせ、距離も長くする。

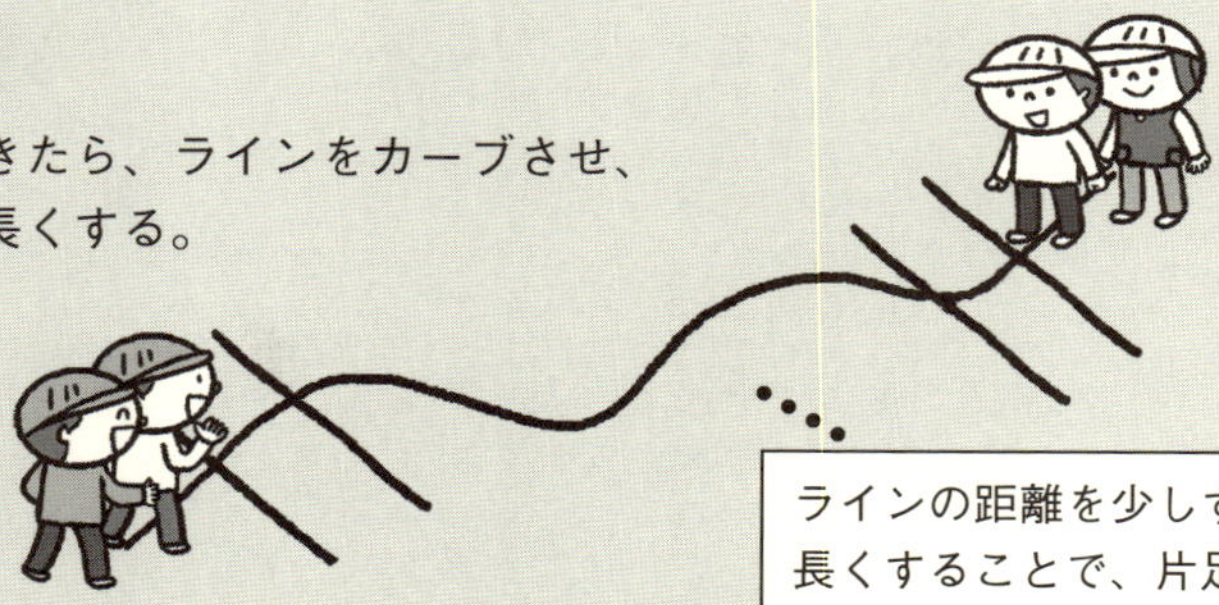

ラインの距離を少しずつ長くすることで、片足跳びの持続力がついてくる。

活動例7　体幹　感覚統合

▶ 体育
▶ 生活科

片足どんじゃんけん

子どもの現状
・体幹が育っておらず、ピンと背筋を伸ばして座っていられない子どもがいる。
・自分の身体を思うように動かせず、何に対しても意欲が低下しがちな子どもがいる。
・体力がなく、持続力が保てず、集中力も続かない。

ねらい
・体幹と腿《もも》の後ろにある筋肉を鍛え、体力をつける。
・体幹を鍛えることで、長い時間、落ち着いて座っていられるようにする。
・素早い身のこなしを身につけ、スムーズな動きだしができるようにする。

片足跳びでラインの上を進む

ゲーム的な要素を取り入れることで、子どもたちが楽しみながら長時間集中できる活動です。体幹と体力アップにつながります。

準備：ラインカー、紅白帽

校庭に直線のラインを引く。２チーム（紅白）に分かれ、それぞれラインの両端に並ぶ。

① スタートの合図で、両端から一人ずつ片足跳びで出発し、出会ったところでじゃんけんをする。
② 勝ったほうはそのまま進み、負けたほうはラインから外れて、チームの最後尾につく。
③ 負けたチームから、次の子が片足跳びで出発。出会ったらじゃんけんをくり返す。
④ 相手チーム側の陣地に先に到達したチームが勝ち。

片足跳びは運動能力と神経系能力を融合させる効果がある。

片足跳びで進むときは、つま先からついて、ショックを和らげるように伝える。

活動例8　体幹　感覚統合

▶ 体育
▶ 朝の会
▶ 帰りの会

片足立ち競争

子どもの現状
・身体がフラフラとして、姿勢よく立ち続けられない子どもがいる。
・バランス感覚が育っておらず、様々な運動能力に支障をきたし、体育の授業についてこられない子どもがいる。

ねらい
・体幹を鍛え、姿勢よく立てるようにする。
・様々な運動の基礎となるバランス感覚を身につける。

片足立ちで長く立ち続けよう

片足で立つ練習をし、徐々に時間を延ばしていきます。体幹を鍛え、バランス感覚を身につける活動です。

準備：とくになし

① 両手を広げ、片足を前に出して、足を床から10センチほど上げる。
② そのまま静止して、何秒立っていられるか数をかぞえる。

下半身の筋肉を鍛え、骨盤のバランスを整えることにもつながる。

指導のポイント
・慣れてきたら、しだいに足の高さをあげていき、床と並行の高さまで上げられるようにする。
・前かがみにならないように、足はひざを曲げて、腿《もも》を上にあげさせるようにする。

活動例9　体幹　感覚統合

▶ 体育
▶ 生活科

スキップ・ギャロップ

子どもの現状
・自分のイメージどおりに身体を動かせない子どもがいる。
・スキップ・ギャロップができない。

ねらい
・スキップとギャロップをできるようにする。
・スキップとギャロップの練習をとおして手と足の感覚を統合させ、ほかにもいろいろな動きができるようにする。

スキップとギャロップを身につける

スキップ、ギャロップといったリズミカルな動きの習得をとおして、イメージどおりに自分の身体を動かせるようにします。

準備：とくになし

① 教師が手本を示し、それぞれスキップやギャロップをしてみる。10メートルくらいから始める。
② 2人、3人で手をつなぎながら、スキップやギャロップをする。

手をつなぎ、友だちの動きを感じることで、手、足の感覚を統合させる。

指導のポイント
・スキップやギャロップができない子には、両側にできる子を配置し、手をつないでおこなう。くり返すことでできるようになる。
・できる、できないは個人差が大きく、一般的には女子のほうが得意であることを知っておく。

＊「ギャロップ」とは、スキップの前段階の動きで、片足を前にして「パカッパカッ」のリズムで進む。

発展1

ペットボトルを２本離して並べ、その奥に１本ペットボトルを配置する。２本のペットボトルの間を通して、奥のペットボトルに当てる。

いきなり間を通すのはむずかしいので、目印として１本配置する。複数本を並べるのに比べて、１本にねらいを定めることで難易度が上がり、集中力も高まる。

発展2

２本のペットボトルの間を通す。２人１組になり、相手が向こう側でボールを受け止める。慣れてきたら、２本のペットボトルの幅を狭くしていく。

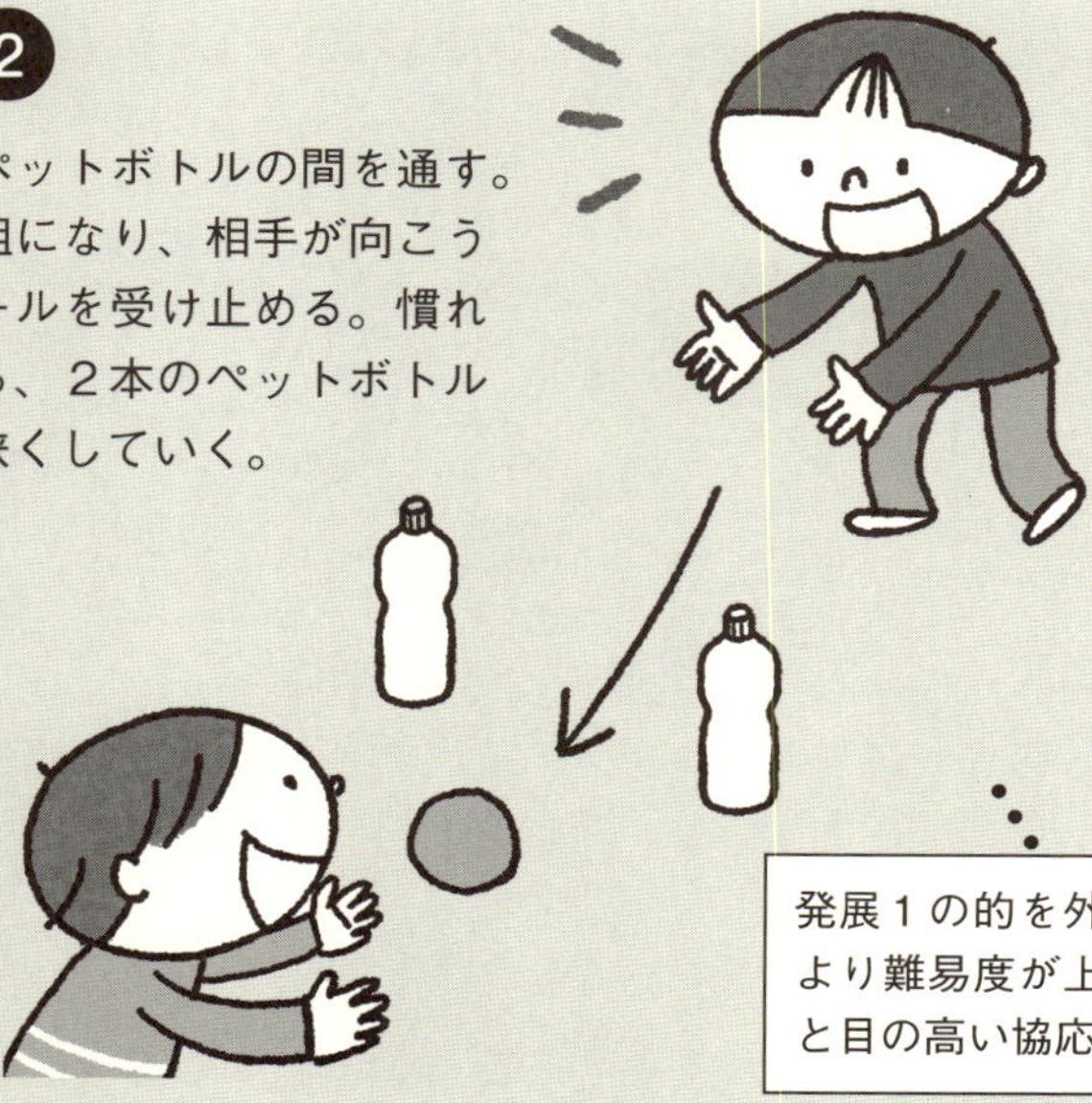

発展１の的を外すことで、より難易度が上がる。手と目の高い協応性が必要。

活動例10　感覚統合

▶ 体育
▶ 生活科

ペットボトル・ボーリング

子どもの現状
・ボールの扱いに個人差が大きく、能力差が激しいためにボールを使った体育の授業が成立しにくい。
・板書された文字をノートに書き写すなど、目で見たものを手を使って表現することが苦手な子どもがいる。

ねらい
・ボールを扱えるようになる。
・ねらいに向かってボールを転がすという、目と手を協応させる動きを身につける。

ねらった方向にボールを転がす

ボールを転がし、ペットボトルを倒す活動です。体育の授業などでコツを伝え、あとは、休み時間に自由に取り組めるようにするとよいでしょう。

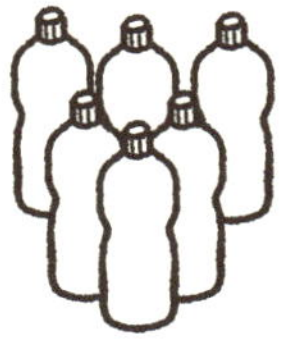

準備：ペットボトル、ボール
ペットボトルを並べて置く。

① 並べたペットボトルに向かって、まずは両手でボールを転がす。
② 倒れた本数をかぞえる。
③ 1人5回ずつチャレンジし、倒れた合計の本数を競う。
④ 慣れてきたら、片手で転がす。

4ｍくらいから始める。徐々に距離を伸ばすことで、手と目の協応性が育まれる。

指導のポイント
・最後まで手をまっすぐに動かすと、ねらった場所にボールが転がっていくことに気づかせる。
・自分の投げたボールとピンの間に直線のラインがあることを想像させて投げさせる。

活動例11 感覚統合

▶ 体育
▶ 生活科

ボール的当て

子どもの現状
・ボールの扱いに経験の違いが大きく、能力差が激しいためにボールを使った体育の授業が成立しにくい。

ねらい
・ボールの扱いに慣れ、片手でボールを投げられるようにする。
・投げる位置からペットボトルまでのラインを想定でき、狙った方向にボールが投げられるようにする。

的をねらってボールを投げる

ペットボトルを的にして、ボールを投げ当てて、倒します。体育でボールを使った授業が始まるまで、遊び感覚で取り組む機会をつくっておくとよいでしょう。

準備：ペットボトル、ボール

① ペットボトルを１本置いて的にする。
② ４メートルくらい離れたところから、ボールを下から投げて当てる。
③ しだいに当てる距離を伸ばす。

ねらいを定めてボールを投げることは、転がすより難易度が高くなります。

指導のポイント ・体育の授業に取り入れることで、気軽に取り組めるようにする。

発展 ボール投げに慣れてきたら、クラス遊びとして「転がしドッチボール」をやってみる。円の中にいる子どもに円の外から転がしてボールを当てる。

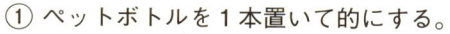

活動例12　体幹　感覚統合

▶ 体育
▶ 生活科

ライン歩き（忍者修行）

子どもの現状
・まわりを見通す力（周辺視）が十分についていないため、思わぬところで物にぶつかって、けがをする子どもがいる。
・正しい歩き方ができていないために疲れやすく、長時間歩けない。

ねらい
・まわりを見通す力を鍛え、敏捷《びんしょう》な身体の動きを身につけて、安全に行動できるようにする。
・片足ずつ交互に体重をかけ、かかとから足をおろして正しく歩けるようにする。

線を意識し、先を見通しながら歩く

地面に引いた線の上を素早く歩きます。見通す力、敏捷な身体の動きの両方を同時に鍛えます。距離を伸ばしたり、ラインに変化をつけたりして、くり返し取り組めるようにしましょう。

準備：ラインカー
　　　校庭に直線、ゆるやかな曲線、急な曲線など、さまざまな線を引く。

① 1人ずつ線に沿って歩く。
② 線から外れないように、できるだけ素早く歩ききる。

指導のポイント　・足元でなく、正面を向いて歩くように伝える。

正面を向くことで周辺視が鍛えられる。

＊「周辺視」とは、正面を目でとらえながらも、まわりの状況を把握する視野を確保すること。

発展　5メートルの短いラインを20秒くらいかけてゆっくりと歩く「忍び歩き」にも挑戦してみる。「ぬき足、さし足、しのび足」と言いながら歩くとよい。

活動例13 体幹 感覚統合

▶ 体育
▶ 生活科

わたり棒

子どもの現状
・平均台の上をスムーズに歩けず、落ちてしまう子どもがいる。
・まわりを見通す力（周辺視）がなく、走りながらボールをけるなど、2つの動きを同時にするような運動が苦手な子どもが多い。

ねらい
・足元を見ずに正面を向いて平均台を進むことができるようにする。
・くり返し取り組み、正しい足の運び方を身につける。また、周辺視を鍛える。

背すじを伸ばして平均台を渡る

平均台を落ちずに歩くには、正しい足の運びと正しい姿勢が必要です。活動の最初に正しい歩き方を伝えて、けがのないように配慮しましょう。

準備：平均台、目標になる絵など。
平均台の先、平均台に立った子どもの目の高さの壁に絵を貼る。

① 1人ずつ、目標の絵を見ながら、平均台を渡る。

平均台の上を歩くには、足を交互にまっすぐの位置に運ぶ動作が求められる。その動きが背すじを伸ばし、バランスのよい身体づくりに役立つ。

指導のポイント
・最初はゆっくりと。横歩きはしないように伝える。
・忍者修行（P.57の活動例12）を思い起こさせる。

活動例14 体 幹 感覚統合

▶ 体育
▶ 生活科

縄回し

子どもの現状
・手首の回外・回内運動が身についておらず、またタイミングを合わせて跳ぶ動作も苦手なため、縄跳びができない子どもがいる。
・手首の柔軟性の先にある手先の巧緻性が育っておらず、運筆や消しゴムの扱いに支障が出ている。

ねらい
・縄跳びに必要な手首の動きを身につける。
・タイミングを合わせて跳ぶ身体の感覚を身につける。
・手首の柔軟性を高め、手先の巧緻性を育てる。

手首を使って縄を回す

手首を使って縄を回す練習を通して、縄跳びの活動につなげます。手首の柔軟性は、手先の巧緻性の発達にもつながります。

手首を回転させる動きが身につくと、縄跳びがうまくできるようになる。

準備：縄跳びの縄

① 縄の片端を柱などに結びつけて、まずは右手で回す。
② 右手で前に回せるようになったら、「左手」や「前回し」「後ろ回し」をする。
③ 手首を柔軟に動かせるようになったら、縄を柱から外し、４つ折りにした縄を体の横で回す。そのとき、タイミングに合わせてジャンプする。

指導のポイント ・縄を回すには、肩や腕を回すのではなく手首の回外・回内運動をスムーズにおこなう必要があることに気づかせる。

発展 タイミングを合わせて跳べるようになったら、実際に縄跳びにチャレンジする。

何回引っかからずに跳べるか記録をつけるとよい。

＊「回外」は、てのひらが上を向くように回転させること。「回内」は、下を向くように回転させること。

活動例15 体 幹 感覚統合 言語能力

▶ 体育
▶ 生活科

缶けり

子どもの現状
・体幹が育っておらず、感覚統合（バランス力・調整力）も不足しており、同時にいろいろな動きをする活動が苦手な子どもが多い。
・走ってきて静止物（缶やボールなど）をけることができない子どもがいる。

ねらい
・走りながら静止物を目視し、手前でスピードを調整してけることができるようにする。
・広範囲をすばやく移動する動きをくり返し、体幹と体力を育む。

走りながら缶をける

ゲーム性が高い活動で、楽しみながら体幹や体力、調整力を身につけることができます。協力し合うなかでまとまりもでき、クラスとしての落ち着きにもつながります。

準備：空き缶（ボールではなくあまり遠くにとばない物がよい）

① じゃんけんでおにを決め、地面に空き缶を置き、一人がその空き缶をける。
② おにが空き缶を戻している間にほかの子は隠れる。
③ おには見つけた子の名前を大きな声で呼んで（「○○ちゃん、み～つけた」など）空き缶を１回踏み、見つけられた子は目印の横に並ぶ。
④ おにに見つからないように誰かが空き缶をけったら、見つかった人は再び隠れる。全員見つかったら終わり。

ルールを理解するだけでなく、仲間と協力しあうことで社会性を育てる。

指導のポイント
・みんなが経験できるように缶をけるのを交替制にする。
・缶は走りながらけり、かけ抜けるようにする。

参考文献

・東京都教育庁「公立小学校第一学年の児童の実態調査」（平成21年）
・文部科学省「児童生徒の問題行動・不登校等生徒指導上の諸課題に関する調査」（平成28年〈速報値〉）
・文部科学省「児童生徒の問題行動等生徒指導上の諸課題に関する調査」（平成18～27年度）
・内閣府「平成29年版　子ども・若者白書」
・文部科学省「特別支援教育の現状について」（平成25年）
・国立教育政策研究所「幼小接続期の育ち・学びと幼児教育の質に関する研究〈平成27～28年度プロジェクト研究報告書〉」
・〝The Productivity Argument for Investing in Young Children〟James J. Heckman and Dimitriy V. Masterov
・中央教育審議会「学習指導要領等の改善及び必要な方策等について（答申）」（平成28年）
・THE FUTURE OF EMPLOYMENT: HOW SUSCEPTIBLE ARE JOBS TO COMPUTERISATION? Carl Benedikt Frey† and Michael A. Osborne‡ September 17, 2013
・東京都教育委員会「小1問題・中1ギャップの予防・解決のための『教員加配に関わる効果検証』に関する調査 最終報告書」（平成25年）
・東京都教育委員会「子どもの体幹を鍛える～正しい姿勢のもたらす教育的効果の検証～」（平成24年）
・『インナーマッスルを使った動きづくり革命　ｐａｒｔ１』森川靖著（あほうせん）
・『ひらがなあそび１（１）　歌いながら・遊びながら・しぜんに身につく』伊藤信夫著・山田哲也絵（太郎次郎社）

協力

・板橋区子ども家庭部保育サービス課
・板橋区公立保育園

おわりに

読まれてみての感想は、いかがだったでしょうか。ベースとなる基礎的な理論を紹介すると同時に、イラストや図を取り入れた具体例をあげることで、できるだけ分かりやすく、誰でもがすぐに実践できる形にしました。

具体的な実践方法を、最初は真似でよいのでやってみてほしいと思います。実践というのは、自分でやってみるなかで見えてくるものがあるからです。やってみれば、その効果は確実に出るはずです。

ただ、ここで注意点があります。訓練主義には絶対にしないでほしいのです。遊びや生活の中に溶け込ませることで、子どもたちが喜んで取り組むように仕向けていって欲しいのです。そこには、教師の遊び心が必要なのです。教師が面白いと思わない活動を、子どもが面白がるわけがありません。

平成28年（2016）12月21日の中教審答申には、①社会に開かれた教育課程②2030年に生きる世代、ということを念頭にした教育　③知識集約型学習から主体的で対話的で深い学習へ　④固定的カリキュラムから合理的なマネジメントができるカリキュラム　⑤資質・能力（認知能力と非認知能力の一体的獲得）などがあげられています。

この中の「認知能力と非認知能力の一体的獲得」という点が、私は非常に大事なポイントだと考えています。とくに「非認知能力」が、その後の子どもの人生を決めるとさえ言われ始めています。それは「絵本を読むのが大好き」とか「ものすごく集中できる」などの能力のことです。訓練主義は、子どもの「非認知能力」を損なうおそれがあると私は考えているからです。

これから10年後、20年後には、コンピューターが生活の隅々まで行き渡る時代になります。また、今の仕事の半分がなくなるという予測さえ出てきています。そうなると、考えなくてはいけないのは、「人間の主体性とは何か？」ということです。

自分から考え、他者とコミュニケーションを取れることと同時に、異文化を理解できることも大切な能力となってきます。そうした将来を見据えた教育活動のいくつかを紹介したつもりです。

これから先の未来を背負う子どもたちの力を伸ばしていくことほど、やりがいのある仕事はありません。そんな面白さが、この本の内容を実践してみて伝わったら、著者としてこんなにうれしいことはありません。

効果はすぐに出ないかもしれませんが、続けてみてください。工夫もしてみてください。子どもたちを一緒に育てていきましょう。

白梅学園大学子ども学部子ども学科
教授　増田修治

●著者紹介

増田修治（ますだ　しゅうじ）

1958年生まれ。埼玉大学教育学部卒。28年間小学校教諭として勤務。「ユーモア詩」を用いた教育を実践。2001年NHK「スタジオパーク」で紹介。同年「児童詩教育賞」受賞。2002年NHK「にんげんドキュメント　詩が躍る教室」が放映され反響をよぶ。2003年テレビ朝日「徹子の部屋」に出演。2006年TBSラジオ「子ども電話相談室」相談員。2008年より白梅学園大学に勤務。現在子ども学部子ども学科教授。

NHK「ニュース深読み」（2015年）「あさイチ」（2015・16年）出演ほか、講演会、研修会等多数。小学校教諭を目指す学生の指導と並行して、東京都板橋区の保育園と9年間共同で、感覚統合や体幹と子どもの発達の関係性について研究。2017年度小平市小学校・幼稚園連絡会講師。保育・幼児教育の様々な課題に取り組んでいる。

専門は「臨床教育学、教師教育論、教育実践論、学級経営論」。

NPO日本標準教育研究所理事。

著書

「『ホンネ』が響き合う教室」（ミネルヴァ書房）

「母親幻想から抜け出す」（子どもの未来社）

「子どもが伸びる！親のユーモア練習帳」（新紀元社）

「笑って伸ばす子どもの力」（主婦の友社）

「ユーモアいっぱい！小学生の笑える詩」（ＰＨＰ研究所）

「先生は忙しいけれど。―『多忙』、その課題と改善―」（共著・日本標準）

「先生！今日の授業楽しかった！」（日本標準）

「『いじめ・自殺事件』の深層を考える」（本の泉社）　など多数

日本標準ブックレットNo. 20

小1プロブレム対策のための活動ハンドブック

増田メソッド

2018年1月11日　第1刷発行

著　者　増田修治

発行者　伊藤　潔

発行所　株式会社　日本標準

〒　167-0052　東京都杉並区南荻窪 3-31-18

Tel　03-3334-2630〈編集〉　042-984-1425〈営業〉

ホームページ　http://www.nipponhyojun.co.jp/

編集協力　株式会社こんぺいとぷらねっと　本文イラスト　みやれいこ

印刷・製本　株式会社　リーブルテック

ISBN 978-4-8208-0628-8